AF236771

Skills-Ratgeber

für Borderliner und PTBS Betroffene

Tipps und Erfahrungen

von

Doreen Schmidt

1. Edition, 2020

© 2020 All rights reserved. Doreen Schmidt

doreenschmidt439@gmail.com

Herstellung und Verlag:

BoD - Books on Demand, Norderstedt

ISBN: 978-3-7534-9161-5

Inhaltsverzeichnis

1. Eine kurze Einführung

„Skills" sind für einen Menschen, der unter einer PTBS (posttraumatischen Belastungsstörung) leidet oder Borderliner ist, eine lebensnotwendige Angelegenheit, denn sein tägliches Befinden hängt von diesen ab.

Häufig erlernt man seine Skills in einer Therapie, Literatur für Betroffene gibt es leider wenig. Deshalb beschloss ich, aus eigenen Erfahrungen über meine Skills zu schreiben, um anderen davon zu berichten und damit vielleicht auch ein Stück weit zu helfen.

Neben Definitionen allgemeiner Begrifflichkeiten, wie Skill, Flashback, Trigger, Dissoziation, findet man in diesem kleinen Ratgeber auch eine große Sammlung von Skills. Am Ende werde ich dann von meinen Erfahrungen, die ich mit verschiedenen Skills gemacht habe, berichten.

Zunächst starten wir jedoch mit dem Begriff des „Skill", denn darum dreht sich letztlich alles in diesem Buch.

1.1. Was sind Skills?

Wenn man ein Borderliner ist, eine Depression hat oder eine posttraumatische Belastungsstörung, begegnet einem in der Verhaltenstherapie sehr schnell der Begriff des „Skill". Doch was ist ein Skill?

Hier kommt zunächst die allgemeine Definition:

Das Wort „Skill" ist englisch und bedeutet übersetzt so viel wie „Fähigkeit, Fertigkeit, Können". Im Rahmen des DBT Programmes (DBT = „Dialektisch behaviorale Therapie", spezielle Verhaltenstherapie, meistens für Borderliner) ist damit ein Verhalten gemeint, das einer schwierigen Situation mit einer hohen Anspannung kurzfristig entgegenwirkt. Langfristig gesehen darf dieser Skill jedoch nicht für mich oder andere schädlich sein.

Das klingt zunächst sehr abstrakt und ist es auch, deswegen kommen hier gleich ein paar Beispiele:

• Joggen gehen, kann in einer hohen Anspannung sehr wirksam sein. Vielleicht ist man gerade sehr wütend und die Anstrengung durch das Laufen, baut die innere Wut ab. Langfristig gesehen ist Joggen, im Normalfall nicht schädlich, es sei denn zum Beispiel, man geht jeden Tag über zwei Stunden Joggen, um in seiner Magersucht noch mehr abzunehmen. Bei der langfristigen Situation, handelt es sich dabei also um „normale Fälle". „Joggen" ist daher im Normalfall ein Skill.

Weitere Beispiele für Skills sind:

• Jonglieren, Schwimmen, Kreuzworträtsel lösen, Tanzen, Tagebuch schreiben usw.

Jetzt kommen wir zu einem Beispiel für einen Skill, der danach klingt, aber laut der Definition keiner ist.

Man ist in einer hohen Anspannung, gestresst und versucht seine Situation, kurzfristig durch das Rauchen einer Zigarette zu verändern. Jeder Raucher wird mir zustimmen, wenn ich behaupte, dass dies sofort wirkt und mich entspannt. Es ist jedoch kein Skill, da er langfristig der eigenen Gesundheit schadet. Dasselbe gilt für Selbstverletzung, Alkoholmissbrauch und Substanzmissbrauch. Man muss demnach immer genau schauen, ob etwas ein Skill ist und den Skill auch im Kontext betrachten (siehe das Beispiel mit der Magersucht).

Wichtig ist bei dem Begriff des Skills auch zu wissen, das jeder Mensch sie im Alltag verwendet, ob er nun krank ist oder nicht. Entweder macht er dies bewusst oder unbewusst, bei beidem mit demselben Ergebnis: Es verbessert das eigene Wohlbefinden und senkt die innere Anspannung. Hier zwei Beispiele:

(1)   Eine Frau ist als Kellnerin und Alleinerziehende beruflich und privat sehr belastet, deswegen nimmt sie sich, nachdem sie ihr Kind ins Bett gebracht hat, jeden Abend für sich Zeit und nimmt ein Wannenbad. Das entspannt ihre verspannte Muskulatur und sie kann dabei ihre

Seele baumeln lassen. Ohne den Begriff des Skills zu kennen, nimmt sie ihn dabei schon längst in Anspruch.

(2) Beim zweiten Beispiel geht es wieder um eine Verspannung. Peter ist ein klassischer Büroarbeiter und verbringt die meiste Zeit am Tag im Sitzen. Über die Jahre bekommt er immer stärkere Rückenschmerzen und geht deswegen zum Arzt. Der Arzt rät ihm, mit dem Joggen anzufangen, damit seine untere Rückenmuskulatur besser trainiert wird. Daraufhin entscheidet sich Peter bewusst für das Joggen. Er ist zwar nicht psychisch krank und macht auch keine Therapie und kennt auch den Begriff des Skills nicht, findet aber trotzdem etwas, was seine Situation kurzfristig und in diesem Fall auch langfristig verbessert. Damit wendet er einen Skill an.

Beide Beispiele sollen zeigen, dass wir in unserem Leben auch vor der Verhaltenstherapie schon Skills verwenden. Diese Feststellung ist wichtig, denn so finden wir gerade am Anfang der Therapie schneller heraus, welche Skills helfen und welche nicht. Denn natürlich hilft nicht jedem ein und derselbe Skill gleich gut. Doch will man mit seiner eigenen

Skillsliste beginnen, sollte man deswegen zunächst überlegen, welche Dinge man schon anwendet, die kurzfristig gut tun und langfristig nicht schaden.

Doch dazu später mehr.

Wir wollen uns zunächst der Frage widmen, warum wir als Erkrankte diese Skills ganz besonders brauchen und was eine Suche nach funktionierenden Skills dabei rechtfertigt. Denn eines habe ich in der Therapie ziemlich früh erfahren, seine eigenen Skills herauszufinden und vor allen Dingen, welche die funktionieren, kann in einer Sisyphus-Arbeit enden.

Damit wir uns jedoch den Skills widmen können, müssen wir zunächst die Begriffe „Trigger", „Flashback" und „Dissoziation" erläutern. Diese stehen im Zusammenhang mit den Skills, denn man gelangt durch diese Vorgänge in eine hohe Anspannung oder hat sie schon. Und wie wir schon wissen, wendet man Skills an, wenn man sich in einer hohen Anspannung befindet.

1.2. Was sind Trigger?

Unter einem „Trigger" (englisch für „Auslöser") versteht man in der Psychologie im Allgemeinen einen Schlüsselreiz, der bestimmte Empfindungen und Erinnerungen in Gang setzt. Bei einer posttraumatischen Belastungsstörung wird durch einen Trigger häufig eine Dissoziation oder ein Flashback ausgelöst (dazu später mehr). Bei einer Borderline-Störung werden auch Empfindungen und/oder Erinnerungen ausgelöst, die dann häufig zu einer hohen Anspannung führen. Da es viele Erkrankte gibt, die sowohl unter einer Borderline-Störung leiden, als auch eine posttraumatische Belastungsstörung haben, ist es wichtig zu verstehen, was ein Trigger ist. Denn wenn man weiß was einen triggert, hat man die Möglichkeit diese zu vermeiden oder so rechtzeitig zu verstehen, das man wahrscheinlich in eine hohe Anspannung geraten wird. Dies gibt einem die Möglichkeit an die Hand rechtzeitig zu „skillen", bevor man in eine sehr hohe Anspannung gerät. Man schafft sich so einen eindeutigen Vorteil.

Doch wie können diese (Trigger) Schlüsselreize aussehen und was passiert dabei?

Häufig betreffen die Trigger einen oder mehrere der fünf Sinne, also Hören, Riechen, Schmecken, Fühlen und Sehen.

Ein Beispiel: Als Kind ist Monika bei ihrem alkoholkranken Vater aufgewachsen, der sich wenig um sie gekümmert hat. Wenn er sehr betrunken war, bekam sie in seiner Gegenwart immer Angst. Ihr Vater war unrasiert, sah im allgemeinen ungepflegt aus und er stank nach Alkohol.

Jahre später ist Monika in der Stadt unterwegs und fährt gerade Straßenbahn. Dort trifft sie auf einen Mann, der offensichtlich auf der Straße lebt. Auch er ist ungepflegt, hat alte, dreckige Klamotten an und stinkt nach Alkohol und Schweiß. Monika nimmt diesen Mann wahr und bekommt plötzlich unbegründet starke Angst. Sie ist innerlich wie erstarrt und gerät in eine extrem hohe Anspannung. Da ihr das noch nie passiert ist, kann sie sich nicht erklären was gerade passiert.

Was ist geschehen? Monika wurde durch den Mann an ihren Vater erinnert. Der Mann in der Straßenbahn hat sie getriggert. Er war auch betrunken, stank nach Alkohol und war unrasiert. Die Komponenten betrafen die Sinne: Geruch und Sehen. Er roch wie ihr Vater und sah ihm ähnlich. Diese beiden Faktoren reichen, um Monika in einen Alarmzustand zu versetzen. Damals hatte sie Angst vor ihrem Vater, plötzlich bekommt sie dieselbe Angst vor diesem fremden Mann. Die Person hat sie getriggert und Monika ist ihren Gefühlen ausgeliefert so lange sie nicht weiß, was vor sich geht. Sie wundert sich, warum sie so eine große irrationale Angst vor diesem Menschen hat. Emotional gesehen hat sie ihn verwechselt, denn die starke Angst bezieht sich eigentlich auf ihren Vater und nicht auf diesen fremden Menschen.

Dieses Beispiel zeigt, was mit dem Wort „Trigger" im psychologischen Sinne gemeint ist. Es macht sicher auch deutlich wie vielfältig und unerwartet ein Trigger sein kann. Da ein Trigger auch andere Sinne betreffen kann, ist es möglich das dieser noch unerwarteter und unspezifischer wirkt. Denn gerade Gerüche triggern am meisten und häufig ist es auch so, dass man getriggert wird und es gar nicht bemerkt. Das Ergebnis ist nur, das man in eine sehr hohe emotionale Anspannung gerät oder geraten kann.

Bei Monika hätte es auch passieren können, dass der Mann schon vorher aus der Straßenbahn ausgestiegen war und man nur noch den Geruch von Alkohol und abgestandenen Schweiß wahrnehmen konnte.

So hätte es sein können, dass Monika noch mehr von ihren Gefühlen überrascht worden wäre und sie sich darüber gar nicht hätte im Klaren werden können, dass sie überhaupt getriggert wurde.

Ganz zum Schluss zu dem Thema, möchte ich noch zwei Sachen in Bezug auf Trigger erwähnen.

Wie schon gesagt, ist es sehr wichtig, seine Trigger herauszufinden. Es gibt jedoch leider eine unendliche Anzahl von diesen und häufig wird man einfach von den Emotionen und Erinnerungen überrascht und weiß auch im Nachhinein nicht warum. Das kann man leider nicht ändern.

Der einzige Weg, um dies auf Dauer ein Stück vermeiden zu können, ist eine Therapie zu machen oder selbst seine Situationen zu analysieren. Dafür habe ich zwei Arbeitsbücher entwickelt, mit dem man seine Trigger und auch Skills herausfinden kann: „PTBS das Arbeitsbuch" und „Mein Skills Buch". Beide findet ihr ebenfalls auf Amazon.

Und dann möchte ich noch auf einen anderen Punkt hinweisen, den man in der Literatur selten bis gar nicht findet. Man darf nicht vergessen, dass man auch von seinen eigenen Gedanken und/oder Assoziationen, sowie von seinen Gefühlen selbst getriggert werden kann. Mir geht es zumindest häufig so und während meiner vielen Aufenthalte in Psychiatrien habe ich viele Menschen kennengelernt, denen es genauso ging.

Das klingt sicher merkwürdig und ist leider auch schwer zu verstehen, wenn man es nicht selbst erlebt hat.

Ein bisschen kann man es vielleicht doch nachvollziehen. Wenn man zum Beispiel an eine Geburtstagstorte mit vielen kleinen brennenden Kerzen denkt, weil gerade eine Assoziation passiert ist, kann es sein, das dadurch eine traurige Stimmung ausgelöst wird, weil man zu seinem fünften Geburtstag eine bunte Torte mit Kerzen bekommen hatte und einen Tag später zum Beispiel seine beste Freundin bei einem Unfall ums Leben kam. In diesem Fall war der Gedanke der Torte der Trigger.

So kann man sicher noch besser verdeutlichen, wie komplex das Thema „Trigger" ist und wie wenig man selbst über seine eigenen Trigger wissen kann. Denn man kann unmöglicherweise seine Gedanken und Gefühle den ganzen Tag analysieren, nur um herauszufinden ob man vielleicht gerade getriggert wurde oder nicht und ob man vielleicht gerade deswegen traurig oder ängstlich ist.

Das Thema Trigger macht wie immer wieder deutlich, wie wichtig es ist, seine Skills kennenzulernen. Denn getriggert werden wir leider jeden Tag mehrmals unbewusst oder bewusst und wir müssen lernen mit den Konsequenzen umzugehen.

1.3. Was sind Flashbacks?

Kommen wir zum nächsten Punkt, den man kennen muss, um zu verstehen warum Skills notwendig sind und was Trigger für eine weitere Rolle spielen: I m̃ 4|b«t i bj { «.

Ein Flashback (sinngemäße Übersetzung: Wiedererleben, Nachhallerinnerung) ist ein psychologisches Phänomen, das durch einen Schlüsselreiz (Trigger) hervorgerufen wird. Bei einem Flashback wird jemand quasi in die Zeit zurückversetzt und erlebt ein Ereignis innerlich nochmal. Dabei kann dieser Flashback unterschiedlich intensiv sein. Es gibt auch Formen, bei der man den Flashback ohne Bilder erlebt, sondern nur rein emotional, doch dazu später mehr.

Kommen wir auf das Beispiel von Monika in der Straßenbahn zurück. Es ist möglich, dass sie nicht einfach nur von dem Mann in der Bahn getriggert wird, sondern durch diese Schlüsselreize auch in einen Flashback gerät. Dabei ist wichtig zu erwähnen, dass man sich bei einem Flashback immer in einer sehr hohen Anspannung befindet, ansonsten wäre es auch nicht möglich gegen ihn zu Skillen.

Nun zu unserem Beispiel: Monikas Vater war neben seiner Alkohlsucht auch gewalttätig und warf mit Gegenständen um sich, wenn er sehr betrunken war. Monika bekam in einer Situation fast eine Flasche an den Kopf. Sie flog ganz knapp an ihr vorbei und landete an der Wand, an der sie zerschmetterte. In dieser einen, besonders extremen, Situation hatte sie Todesangst.

Als sie dann in der Straßenbahn steht und dem Mann begegnet, der ihrem Vater so gleicht, in Geruch und Aussehen, wird sie innerlich genau von dieser Situation eingeholt. Sie erlebt in diesem Moment durch einen Flashback die damalige Situation erneut und sieht das Ereignis ganz deutlich vor ihrem inneren Auge an sich vorbeiziehen. Die zu der damaligen Situation dazugehörigen Ängste, sind dann genauso stark wie in der Vergangenheit. Sie hat einen Flashback erlebt.

Ich habe dieses Beispiel gewählt, um einen Flashback zu verdeutlichen. Dieses Beispiel beschreibt jedoch nicht, was meistens in der Realität abläuft. Häufig ist es so, dass ein Flashback wesentlich intensiver und stärker ist, als hier beschrieben und man durch diesen fast vollständig handlungsunfähig und denkunfähig werden kann.

Gerade wenn man an einer PTBS (posttraumatischen Belastungsstörung) leidet und schwere traumatische Erfahrungen gemacht hat, kann man sehr starke Flashbacks erleben. Es kann passieren, dass man als Reaktion darauf schreit, laut weint, sich auf den Boden setzt und seinen Körper hin und her wiegt.

Wie erwähnt kann man bei einem Flashback auch „nur" in ein emotionales Wiedererleben geraten. Man durchlebt die Gefühle aus der Situation nochmals, ganz ohne Bilder wahrzunehmen. Für den Betroffenen ist es dann besonders schwierig, zu verstehen, was er gerade erlebt, denn er sieht kein Ereignis vor sich, sondern hat zum Beispiel scheinbar grundlos Todesangst.

So hätte es bei Monika in der Straßenbahn auch passieren können, dass sie durch den Mann getriggert wird und plötzlich in seiner Gegenwart Todesangst erlebt, ohne dabei ihren Vater vor sich zu sehen. Diese Todesangst hätte auch so heftig sein können, das sie weinend auf dem Boden zusammengesunken wäre und ihre Umgebung nur noch unscharf wahrgenommen hätte.

Ich selbst habe schon die verschiedensten Flashbacks erlebt. Leider oft genug auch rein emotionale Flashbacks, die ich besonders verstörend finde. Leider habe ich auch eine dissoziative Störung und kann daher auch erleben, das ich nicht nur einen Flashback habe, sondern gleichzeitig eine Dissoziation. Was man darunter versteht, folgt nun im nächsten Abschnitt.

1.4. Was sind Dissoziationen?

Der Begriff der Dissoziation umfasst ein weites Gebiet und bezieht sich auf viele verschiedene Phänomene.
Ich beschränke mich hier nur auf eine Erläuterung in Bezug einer PTBS (posttraumatischen Belastungsstörung). Doch auch hier wäre es müßig, die Dissoziation in all ihren Formen zu erläutern. Nach dem Klassifikationssystem ICD 10 gibt es 14 Diagnosen, die eine bestimmte Dissoziation genau spezifizieren. Diese kann ich hier unmöglich aufführen. Dafür wäre es sicher besser, einen unabhängigen Ratgeber zu schreiben.

Die wohl bekannteste dissoziative Störung, ist die sogenannte „dissoziative Identitätsstörung". Früher hieß sie „multiple Persönlichkeitsstörung". Unter diesem Namen gehört sie bis heute noch zum allgemeinen Sprachgebrauch, obwohl sie in der Psychologie schon lange umbenannt ist.

Anhand dieser extremen Störung lässt sich jedoch am besten verdeutlichen, was mit einer Dissoziation gemeint ist und was dabei vor sich geht.

Bei einer Identitätsstörung geht man davon aus, das sich durch extrem traumatische Erfahrungen, Teile der eigenen Persönlichkeit abgespalten haben. Diese Teile können dann bei einer Dissoziation wieder zum Vorschein kommen. Gerät ein Patient dann in eine hohe Anspannung kann er sich zum Beispiel wieder wie ein 11- jähriges Kind verhalten oder teilweise gelähmt sein und nicht mehr richtig laufen können. Die Vielfalt der Ausprägungen sind dabei immens und sehr individuell.

Ganz wichtig zu verstehen ist dabei auch, warum das passiert ist. Es ist ein Schutz der eigenen Psyche, wenn Emotionen und psychische Funktionen durch ein Trauma abgespalten werden. Es ist erträglicher, wenn man in einer Gefahrensituation nicht von seiner Angst gelähmt wird, sondern ihre Heftigkeit von der eigenen Psyche getrennt wird.

Wie schon gesagt gibt es verschiedene Formen von Dissoziationen. Ich möchte hier nur auf eine genauer eingehen, damit man sich ein noch besseres Bild davon machen kann.

Bei dem sogenannten „dissoziativen Stupor" erstarrt eine Person und kann sich nicht mehr bewegen. Sie blickt einfach gerade aus, ohne Wimpernschlag und ist völlig regungslos. Diesen Vorgang kann man vielleicht mit einem Tier vergleichen, das sich tot stellt, um zu überleben. Ich selbst, leide darunter und es ist alles andere als angenehm, denn man nimmt trotzdem seine gesamte Umgebung wahr. Das heißt, man kann alles in seinem Blickfeld sehen und hören und versteht die Situation. Nur das man leider komplett handlungsunfähig ist und auf sein Umfeld nicht mehr reagieren kann.

Man ist auch nicht durch eigene innerliche Befehle dazu in der Lage sich plötzlich wieder bewegen zu können, denn man braucht in dieser Situation entweder tatsächlich Hilfe von außen oder man wartet ab, bis die Dissoziation abklingt. Das kann allerdings unterschiedlich lange andauern. Ich habe von Erkrankten gehört, die sich in diesem Zustand über viele Stunden, manche auch über mehr als einen Tag befunden haben.

Auf jeden Fall ist dies ein gutes Beispiel, um auch zu erklären, warum es so wichtig ist, das wir Skills kennen. Denn ist man einmal erstarrt, kommt man dabei nicht so schnell wieder heraus. Deshalb ist es sicher besser, dem Ganzen schon im Vorfeld vorzubeugen.

Es gibt noch heftigere Reaktionen auf Trigger, als Erstarren. Die schlimmsten Sachen die ich erlebt und gehört habe sind, dass man in Ohnmacht fallen kann oder unter Amnesie leidet und sich plötzlich an einem Ort befindet, ohne zu wissen, wo man ist und wie man dort hingekommen ist.

Es gibt also eine Vielzahl von Dissoziationen mit unterschiedlichen Graden. Wie bei einem Flashback befindet man sich schon in einer extrem hohen Anspannung. Ansonsten hätte man keine Dissoziation.

Doch welche Grade der Anspannung gibt es? Dieser Frage werde ich mich im nächsten Abschnitt widmen.

2. Die Anspannung und ihre verschiedenen Grade

Bei der Borderlinestörung handelt es sich unter anderem um eine Störung der Emotionsregulierung. Dies heißt übersetzt so viel wie, das die eigene emotionale Stimmung sehr schwankt und instabil ist und man zum Beispiel in einem Moment fröhlich ist, dann aber aus irgendeinem nichtigen Anlass oder auch ohne einen Anlass sehr traurig wird. Hinzu kommt dabei, das man weniger als andere dazu in der Lage ist seine Emotionen zu steuern.

Begleitet werden diese Symptome häufig von einer starken inneren Anspannung. Auch bei einer posttraumatischen Belastungsstörung gerät man durch einen Trigger in eine Anspannung.

Genau bei dieser Anspannung setzen die Skills an, mit denen man dann in der Lage ist, seine Emotionen besser zu regulieren und diese in ein Gleichgewicht zu bringen.

Doch nicht nur bei der Borderlinestörung steht man unter einer hohen Anspannung. Auch bei Stress, Depressionen und der posttraumatischen Belastungsstörung befindet sich der Erkrankte oft in einem Zustand verschiedener Anspannungsgrade. Auch hier helfen Skills und es lohnt sich, für den Erkrankten diese anzuwenden.

In Bezug auf die Anspannung unterteilt die Verhaltenstherapie diese in drei verschiedene Bereiche. Auf einer Skala von 0 % bis 100 % gibt es die Bereiche:

0 % bis 30 %

für den unteren Anspannungsgrad

30 % bis 70 %

für den mittleren Bereich und

70 % bis 100 %

für den Hochstressbereich

Die Bereiche wurden festgelegt um den derzeitigen Grad der eigenen Anspannung festzustellen und diesen auch kommunizieren zu können. Dabei ist die eigene Einschätzung natürlich immer subjektiv und man hat tatsächlich am Anfang Schwierigkeiten seinen Anspannungsgrad einzuschätzen, doch das legt sich mit der Zeit. Letztlich geht es am Ende immer darum, zu kommunizieren wie schlecht es einem gerade geht, dabei geht es weniger um die Prozente.

Zudem kann man bestimmte Skills nur in verschiedenen Bereichen anwenden, da man zum Beispiel, wenn man extrem angespannt ist, nicht mehr klar denken kann und nicht mehr dazu in der Lage ist einen Hirnflickflack oder ähnliche Übungen, die viel Konzentration erfordern, auszuüben. Es gibt eine halbe Wissenschaft darüber, welche Skills, mit welchen Zugangskanälen, in welchem Anspannungsgrad am günstigsten zur Beruhigung sind. Das wichtigste Handwerkszeug, welches die Unterteilung in Anspannungsgrade jemanden an die Hand gibt, ist jedoch die Möglichkeit eine „Skillskette" aufzubauen, die letztlich am wirkungsvollsten ist und jeden effektiv zu einer dauerhaft geringen Anspannung führt.

2.1. Die Skillskette

Was ist eine „Skillskette"? Eine Skillskette ist eine Abfolge von verschiedenen Skills, die im Hochstressbereich beginnen und im untersten Level, der niedrigen Anspannung, enden. Man verwendet also die Skills in einer bestimmten Reihenfolge. Zunächst Skills für den Hochstressbereich, dann für den mittleren Bereich und zu guter Letzt für den niedrigen Bereich.

Das Ziel einer Skillskette besteht darin, sich dauerhaft im niedrigen Level zu bewegen. Dies ist leider nach der Verwendung eines oder mehrerer Skills nicht zwangsläufig gegeben, denn es tritt häufig der sogenannte **„Sägezahneffekt"** ein.

Was ist ein „Sägezahneffekt"?
Als Sägezahneffekt bezeichnet man einen bestimmten Vorgang bei der Verwendung von Skills, der sich auf die Anspannungsgrade bezieht.

Angenommen man befindet sich im Hochstressbereich und verwendet dafür bestimmte Skills. Wenn man zum Beispiel an Ammoniaklavendel gerochen hat, „wandert" man langsam in den mittleren Stressbereich. Jetzt kann man hierfür bestimmte Skills anwenden, wie zum Beispiel mit einem Stein im Schuh laufen. Hat man auch diesen Stressbereich überwunden, geht man langsam zum niedrigen Stressbereich über und ist nicht mehr so extrem angespannt wie am Anfang.

Genau ab diesem Zeitpunkt, fangen viele an mit ihren Skills aufzuhören. Dies ist leider ein Fehler, denn dann tritt der „Sägezahneffekt" ein. Da man nicht weiter „geskillt" hat, kann man vom unteren Level wieder ganz schnell in den mittleren Bereich rutschen und von da an wieder in den Hochstressbereich. Die Kurve geht also zum ersten Mal von oben nach unten und dann wieder nach oben.

Manche fangen dann wieder an zu skillen und hören am Ende im niedrigsten Level wieder auf. Dann kann es erneut passieren, dass man wieder nach oben „schnippt". Ein drittes Mal ist also die Kurve wieder von unten nach oben und umgekehrt gewandert. Wenn man sich dies aufmalt, ergibt sich dabei das Bild von einem Sägezahnblatt. Daher kommt auch der Begriff „Sägezahneffekt".

Wie macht man es nun richtig? Die Antwort ist, dass man im untersten Anspannungsbereich nicht aufhören darf zu skillen, sondern weiterhin Skills verwenden muss, mit denen man dann dazu in der Lage ist, sich auch weiterhin im untersten Anspannungsbereich bewegen zu können. Ganz salopp gesagt, muss man „zu Ende skillen", ansonsten läuft man immer wieder die Gefahr, wieder in einen höheren Bereich zu rutschen.

Hat man sich jedoch eine Skillskette zurechtgelegt und verfolgt diese auch bis zum Schluss, umgeht man den Sägezahneffekt und bleibt dann auch über einen langen oder längeren Zeitraum im untersten Bereich.

Eine solche **Skillskette** könnte folgendermaßen aussehen:

Hochstress

Amoniak-Lavendel

Chilli-Schote essen

Mittlerer Bereich

Kalte Dusche

mit Stein im Schuh laufen

niedriger Bereich

entspannende Musik hören

dabei in einem Malbuch ausmalen

für die Erhaltung des niedrigen Levels
einen Spaziergang machen
einen Kakao trinken
sich etwas Gutes tuen

Wichtig ist für die Erhaltung des niedrigen Levels, also am Ende der Skillskette, Skills zu verwenden, die eine längere Tätigkeit betreffen, als nur etwas Scharfes zu essen oder sich kalt abzuduschen. So ist eben ein Spaziergang eine längere Tätigkeit und auch das Musikhören kann ausgedehnt werden. Denn man bleibt nach meiner Erfahrung nur dauerhaft im niedrigen Bereich, wenn man für den letzten Bereich Tätigkeiten wählt, die dauerhaft beruhigen. Erst wenn man wirklich gar nicht mehr angespannt ist, sollte man wieder zur Tagesordnung übergehen.

Jetzt haben wir den Begriff des „Skills" kennengelernt. Wissen nun was ein „Flashback", eine „Dissoziation" und ein „Trigger" ist, kennen die verschiedenen Anspannungsgrade und die Bedeutung von „Skillsketten". Doch was passiert, wenn wir gerade unterwegs sind und dann angespannt werden?

Dafür gibt es den sogenannten „Notfallkoffer". Was dies ist und wie er aussehen kann, lernen wir in den nächsten Abschnitten kennen.

3. Wie man sich den perfekten Notfallkoffer baut

Ein Notfallkoffer ist eine Ansammlung von Skills, die man in einer kleinen Tasche oder ähnlichem jederzeit mit sich tragen kann und im Notfall schnell einsetzen kann.

Diese Skills können dabei physischer oder psychischer Natur sein.

Umgesetzt bedeutet dies, dass man eine kleine Tasche, wie zum Beispiel eine Federmappe, ein Kosmetiktäschchen oder eine selbst angefertigte Aufbewahrungsmöglichkeit, jederzeit mit sich trägt.

In dieser Tasche befinden sich Gegenstände wie, Chillipulver, Ammoniaklavendel, ein Igelball, ein Schnippgummi, deine Lieblingsmusik auf einem kleinen MP 3- Player, ein kleines Kuscheltier usw. Also alle Gegenstände die dir helfen können, wenn du eine zu hohe Anspannung hast und gerade am Explodieren bist. Weiterhin hast du vielleicht schon geistig andere Skills parat wie zum Beispiel deine 5 Sinne durch die Übung „1-2-3" zu beschäftigen oder sich mit Hilfe von Rechenaufgaben abzulenken.

3.1. Die Bedingungen die ein Notfallkoffer erfüllen sollte

Für den perfekten Notfallkoffer brauchst du eine Tasche, die folgende Bedingungen erfüllt:

a.   Sie hat eine bestimmte Größe, die sich darüber definiert, das du sie jederzeit mitnehmen kannst. Also entweder in deinem Rucksack oder in deiner Handtasche oder am Körper durch eine Bauchtasche.

b.   Dir gefällt diese Tasche und du hast sie nur zu diesem Zweck erstellt oder gekauft. Dadurch gewinnt sie für dich eher an Bedeutung und Wiedererkennungswert, als wenn du eine schon vorhandene Tasche nimmst.

c.   Sie muss groß genug sein, um alle Skills die du benötigst transportieren zu können.

d.   Sie darf nicht zu viele Skills beinhalten, da dich dies in einer hohen Anspannungssituation schnell verwirren wird. Denn du bist in einer solchen Situation nicht in der Lage wirkliche Entscheidungen zu treffen.

3.2. Die verschiedenen Skills-Kategorien

Die Skills des Notfallkoffers und die Skills im Allgemeinen kann man dabei in folgende Bereiche untergliedern:

1. Aktivitäten (z.B. Puzzeln, Computer spielen, Sport...)

2. Unterstützung durch andere Person (z. B. Freunde anrufen, sich mit einer Freundin treffen...)

3. Gefühle durch bestimmte Handlungen ersetzen (z. B. Kinderprogramm anschauen, sich etwas gutes tun, ein Eis essen gehen, einen Film sehen)

4. Hirn-Flick-Flacks (das sind Übungen, die deinen Geist und deine Konzentration erfordern, z. B. In 7er Schritten rückwärts zählen, Stadt Land Fluss spielen).

5. Seine Anspannung durch Körperempfindungen reduzieren (z. B. mit Gummiband am Handgelenk schnippen, Schreien, kalt und warm duschen)

6. Seine Anspannung senken mit Hilfe der fünf Sinne:

    Sehen: Kaleidoskop, Postkarten, Gemälde

    Hören: Lieblingsmusik hören, in der Stille lauschen

    Riechen: Ammoniak Lavendel, Parfüm, Duftöl

    Schmecken: Chilli, saure Bonbons, Zitronensäure

    Fühlen: ein Kuscheltier festhalten, über Kieselsteine, Barfuß laufen, sich selbst umarmen

7. Den Moment verändern durch z.B. Imagination, Entspannung wie Sauna oder Massage

3.3. Ein Beispiel-Notfallkoffer

Aufgrund dieser verschiedenen Bereiche von Skills könnte ein Notfallkoffer folgendermaßen aussehen. Dabei enthält er:

- Chillischoten (für die 5 Sinne-Schmecken)
- ein Knackfrosch (für die 5 Sinne-Hören)
- Ein Schnippgummi (für die 5 Sinne-Fühlen, Körperempfindungen)
- Dein Lieblingsfoto (für die 5 Sinne- Sehen)
- Ammoniak-Lavendel Ampulle (für die 5 Sinne- Riechen)
- Einen MP3-Player mit einer Imaginationsübung (den Moment verändern)
- Ein kleines Minipuzzle (Aktivitäten)
- Ein Igelball (findet man meistens in allen Notfallkoffern und erfüllt verschiedene Bereiche der Skills wie z.B. fühlen, sich ablenken, sehen)
- ......

3.4. Liste von weiteren Gegenständen im Notfallkoffer

Eine Übersicht über weitere mögliche Gegenstände in einem Notfallkoffer kommt hier:

- Vitamin-Brausetabletten
- Ahoi-Kinderbrause
- Bonbons (süß, sauer, scharf)
- Kleine Bürste (rauh oder weich)
- Kieselstein (kann man in den Schuh legen und darauf laufen)
- Verschiedene Steine (rauh, glatt, stumpf) zum fühlen
- Parfümproben (zum etwas Gutes tun und daran riechen)
- Lippenstifte mit unterschiedlichem Geschmack
- Labello
- Duftöl
- Kleines Stofftier
- Japanisches Heilöl
- Schnippgummi
- Kaugummis

- Kleines Geschicklichkeitsspiel
- Vogelfeder
- Minikaleidoskop
- Murmel
- Erinnerungsfoto
- Adresse und Telefonnummer von einem vertrauten Menschen
- Spieluhr
- Softball
- Knetgummi
- Erfrischungstuch
- Besonderer Stift
- Comics
- Ärger/Wutball
- Kiefernzapfen
- Rauschmuschel
- Überrauschungseifigur
- Luftballons
- Seifenblasen
- Ammoniak
- Glöckchen
- Kleines Kinderbuch
- Kleiner Block mit Rätseln
- Minimandala und kleine Buntstifte
- Prisma

- Perlenkette, Rosenkranz
- ………………………………….

Ganz wichtig zu wissen ist:

1. Skills können sich schnell abnutzen wenn man sie zu häufig verwendet und zudem in Situationen in denen man sie nicht benötigt und vielleicht einfach nur Langeweile hat (Bsp. Man verwendet den Fidget-Spinner auch wenn man nicht angespannt ist, sondern man wartet gerade auf den Bus und langweilt sich)

2. Skills nutzen sich auf die Dauer automatisch ab. Das heißt über kurz oder lang werden deine Skills-Gegenstände nicht mehr so gut wie vorher funktionieren. Daher bist du auch immer wieder gezwungen, neue zu finden. Auf die Dauer entwickelt man jedoch immer mehr Kreativität, wodurch man auch immer wieder neue funktionierende Skills findet.

4. Skillssammlung

Kommen wir nun zur großen Skillssammlung. Sie ist in die verschiedenen Bereiche eingeteilt, die in Kapitel 3.2. „Die verschiedenen Skillskategorien" schon vorgestellt wurden.

4.1. sich ablenken durch

Aktivitäten wie:
- Puzzle
- Computerspiel
- Lesen
- ein Instrument spielen
- Sport (Laufen, Skaten, Fahrrad fahren, Wandern, Walken, Schwimmen, Tanzen, Reiten, Volleyball, Aerobic, Krafttraining, Boxen...)
- Flippern
- Haushaltsarbeit (Bügeln, Putzen, Holz hacken, etwas reparieren, Aufräumen, Wäsche waschen, Kochen...)
- Basteln

- Malen (z.B. mit Windowcolors, einen Blumentopf, ein Bild, ein Mandala oder T-Shirt mit Textilfarbe anmalen)
- Singen
- etwas auswendig lernen (z.B. ein Gedicht, Worte auf Englisch, ein Lied, Adressen, Telefonnummern)
- Etwas anschauen (in die Waschmaschine, in den Ofen, in ein Aquarium, aus dem Fenster, in den Himmel)
- auf eine Messe gehen
- Lieblingsklamotten anziehen
- irgendwo hingehen (Kino, Vergnügungspark, Theater)
- etwas schreiben (Briefe, Tagebuch, Gedicht, Pro und Kontra Liste, Einkaufszettel)
- etwas planen (einen Ausflug, eine Reise, eine besondere Stunde, in der man sich nur Zeit für sich selbst nimmt, ein Fest, eine Überraschung)
- Renovieren
- etwas dekorieren
- mit einem Haustier spielen
- Pro und Kontraliste anschauen und lesen
- eine beliebige Route auf dem Stadtplan einzeichnen und dann entlang dieser Route laufen
- Joggen
- Radfahren

4.2. Unterstützung durch Andere

- einen Freund besuchen
- einen Brief schreiben
- jemandem ein Geschenk, eine Blume basteln, malen oder kaufen
- beim Geschirr spülen helfen
- Vokabeln abfragen
- mit einem Freund etwas spielen
- E-Mails oder SMS schreiben
- im Internet chatten
- beim Wäsche auf/abhängen, bügeln helfen
- den Tisch decken
- Kleidungsstücke flicken oder Socken stopfen
- zusammen Kuchen backen oder kochen
- jemandem zuhören
- jemanden ermutigen
- mit einem Freund telefonieren
- sich mit einem Freund treffen

4.3. Gefühle ersetzen

Bedeutet, dass wenn ich negative Gefühle habe, ich bewusst versuche andere Gefühle auszulösen.
- Kinderprogramm anschauen
- Roman lesen, der positive Gefühle auslöst
- Kinderbuch lesen
- sich durch einen Freund Witze erzählen lassen
- etwas schreiben (Tagebuch, Gedicht, Brief)
- sich etwas Gutes tun (in einem Cafe etwas Warmes trinken, ein neues Tagebuch kaufen, sich eine Blume schenken, sich zum Schlafen hinlegen)
- einen Kitschfilm, eine Komödie anschauen
Bei Wut, Ärger und starker Anspannung kann ich...
- Papier zerknüllen, zerreißen, ein altes Laken zerreißen
- einen Knoten in ein Handtuch machen und damit auf das Bett oder einen Sessel einschlagen
- in den Wald gehen und laut schreien
- einen Actionfilm anschauen
- Gedanken und Gefühle aufschreiben und bis zum nächsten Gespräch mit einem Freund oder bis zur nächsten Therapiestunde weglegen

- Probleme step by step angehen, statt alles auf einmal lösen zu wollen und überfordert zu werden

4.4. Hirn-Flic-Flacs

- in 7er Schritten rückwärts zählen
- Stadt-Land-Fluss
- Rätsel
- Puzzle mit gleichen Teilen ohne Vorlage
- IQ – Test
- „um die Ecke gedacht"- Kreuzworträtsel
- Tangram
- Text aus anderer Sprache übersetzen
- Mathematikaufgaben
- Perlen und Steinchenkettchen oder dickere Schnur verknoten und wieder auflösen
- Büroklammeren in einander hängen und so schnell wie möglich wieder auseinandermachen
- beliebige Punkte auf ein Blatt zeichnen und versuchen durch Verbinden eine Figur zu zeichnen
- Fadenspiele
- Kreuzworträtsel selbst erstellen
- jonglieren mit Bällen oder Seidentüchern
- im Internet ewas suchen

- mit Bauklötzern etwas bauen
- einen Zauberwürfel lösen
- Memory spielen
- einen Text mit der „falschen Hand" schreiben

4.5. Sich zurückholen durch Körperempfindungen

- Gummiband, Haargummi, Theraband
- Eis oder Eisgelkissen auf der Haut
- Wurzelbürste
- laute Musik anhören
- Wechseldusche warm/kalt nehmen
- Schreiben
- mit nackten Füßen in einem Bach stehen
- auf kleinen Murmeln balancieren
- auf Kies gehen
- barfuss draußen laufen
- Massage oder Massagegeräte
- Vitamin Brausetabletten ganz in den Mund nehmen
und langsam zergehen lassen
- „Ahoi"- Kinderbrause
- Saure Bonbons oder Drops lutschen
- Übungen an der Wand: sich mit dem Rücken anlehnen
und die Knie im 90 grad Winkel aufstellen

- einen Tennisball hinter den Rücken klemmen und ihn hoch unter runter rollen
- „Knisterkuhschokolade" von Milka langsam essen
- Muskeln anspannen und loslassen
- Krafttraining
- 5 Minuten lang so schnell wie möglich rennen
- Handtrainer für Gitarristen
- Ammoniak
- Münsterkäse riechen
- Chilli-Schoten essen
- Japanisches Heilöl riechen oder auf die Zunge tröpfeln
- Meerrettich essen
- Knoblauchzehe pur essen
- Fishermans Friend lutschen
- Airwaves kauen
- Eukaplyptus- Erfrischungstücher riechen
- frischen Zitronensaft trinken
- sich von jemanden festhalten oder drücken lassen
- sich selbst umarmen
- etwas Schweres schleppen
- in einem kalten See schwimmen
- in die Sauna gehen
- scharfe Zahnpasta in den Mund
- Eiswürfel unter die Zunge
- sich eine Heizdecke auf den Bauch legen

- Sandsäckchen auf den Bauch legen
- Gummitwist spielen

4.6. Sich selbst beruhigen mit Hilfe der fünf Sinne

Sehen
- Kaleidoskop
- Kunstpostkarten
- Glasbriefbeschwerer mit bunten Motiven anschauen
- in ein Museum gehen
- in einen Zoo gehen
- Lavalampe betrachten
- Aquarium ansehen
- Fotografieren
- Fotos und Bildbände ansehen
- ins Feuer schauen
- angenehme Fotos von schönen Erlebnissen betrachten
- Blumen
- Wolken ziehen sehen
- besonders kräftige Farben anschauen
- Waschmaschine in Bewegung
- Sterne zuordnen

- leuchtendes Jojo
- Malen oder Zeichnen
- Schneekugel betrachten

Hören

- Vogelgezwitscher
- Lieblingsmusik
- Meditationsmusik
- Livekonzert
- selbst Musik machen
- Wellenrauschen
- Rauschmuscheln
- Singen
- Trommeln
- Naturlaute hören
- Regentropfen
- Geräusche im Haus wahrnehmen
- laute Musik auf Kopfhörern
- Hörmemory
- Popcorn machen

Riechen

- Lieblingsparfüm
- Creme
- wie riecht es draußen früh morgens?

- Wie es riecht es draußen nach einem Regen?
- Heu, Stroh riechen
- Blumen
- Essen
- Früchte
- frisch bezogenes Bett
- frische Kleidung anziehen
- Kochen
- Ätherische Öle riechen
- Duftkerze
- Räucherstäbchen
- Seife
- Körpercreme
- Gesichtscreme
- Tigerbalsam
- Knoblauchpizza
- WC-Spray
- gesägtes Holzstück

Schmecken
- frische kräftige Kräuter
- frisch gepresster Saft
- Bonbons
- Schokolade
- Kaugummi

- Kuchen
- Tee
- Eissorten ausprobieren
- Erdnussbutter oder Nutella essen
- selbstgemachtes Popcorn
- Anis oder Kümmel pur essen

Fühlen
- Samt
- Seide
- Hund
- Katze
- Pferd
- Flauschdecke
- weiche oder harte Bürste
- Barfuß laufen
- sich abklopfen
- Wärmflasche
- Baden
- Stofftier
- Sandsäckchen
- Igelball
- Gummiball
- Vogelfeder
- Massage

- Lieblingshose
- Schuhe anprobieren

4.7. Den Augenblick verändern durch

- Fantasiereise
- Reiseführer anschauen
- Erinnerungsfotos, Bildbände anschauen
- Erinnerungen an angenehme Erlebnisse
- sicherer Ort (sich an einen bestimmten Ort erinnern, der ein Gefühl von Sicherheit und Geborgenheit auslösen kann, ein bestimmtes Bild visualisieren)

Gebet, Meditation
- in die Kirche gehen und eine Kerze anzünden
- an Dinge denken, für die ich dankbar bin
- sich auf den Boden setzen, eine Kerze anzünden und versuchen an nichts zu denken
- Ritual
- Beten

Entspannung
- Entspannung z.B. nach Jacobson
- schönes Bad nehmen
- Fußbad

- Massage
- Wärmflasche
- Sauna
- Pause machen
- in ein Café gehen
- schlafen
- lesen
- Lavalampe

Urlaub machen
- eine Viertelstunde Auszeit nehmen und achtsam einen Tee trinken
- ein Stück Kuchen oder Schokolade langsam auf der Zunge zergehen lassen
- sich kurz zum Schlafen hinlegen
- eine Zeitung oder ein Buch lesen
- 10 Minuten lang ein Kreuzworträtsel machen
- eine Freundin anrufen
- ein kurzes Hörspiel im Radio hören

4.8. Notfallkoffer, mögliche Gegenstände

- Chilischoten

- Vitamin Brausetabletten
- Ahoi-Kinderbrause
- Knackfrosch
- Bonbons (süß, sauer, bitter, scharf)
- Bürstchen (rau oder weich)
- Kieselstein
- verschiedene Steine
- Parfumproben
- Lippenstifte mit unterschiedlichem Geschmack
- Pro und Kontraliste
- Zettel mit Sprüchen
- Duftöl
- Kleines Stofftier
- japanisches Heilöl
- Handgelenk-Gummis
- Kaugummis
- kleines Geduldsspiel
- Vogelfeder
- Minikaleidoskop
- Murmel
- Erinnerungsfoto
- Adresse und Telefonnummer von einem vertrauten Menschen
- Spieluhr
- Mini-Igelball

- Softball
- Knetgummi
- Erfrischungstuch
- besonderer Stift
- Comics
- Ärger/Wutball
- Kiefernzapfen
- Überraschungsei
- Wäscheklammer
- Büroklammern
- besondere Taschentücher mit lustigen Motiven oder Geruch
- Postkarte
- MP3 Player mit Lieblingsmusik
- Knopf, Stein, Tuch von meinem „Lieblingsmensch"
- Jonglierbälle/Tücher
- Luftballons
- quietschendes Gummitier
- Ammoniak-Lavendel Ampullen
- Gummiball
- Spielwürfel
- Glöckchen
- Pfeife
- Kleines Buch
- kleiner Block mit Rätseln, Mandalas

- Prisma
- Rosenkranz
- Zauberwürfel

5. Mein Notfallkoffer und meine Lieblingsskills

Ich kann unmöglicherweise alle Skills, die im letzten Abschnitt aufgelistet wurden, genau in ihrer Wirkung und in ihrem Verhalten erläutern. Daher habe ich mir überlegt, über meine Lieblingsskills zu schreiben und genauer von diesen zu berichten. Vielleicht hilft dies dem Leser nachzuvollziehen, wie Skills genau funktionieren können und welche Skills für ihn vielleicht selbst die Richtigen sind.

„IQ puzzler pro" von smart Games (im Internet käuflich)
Ein handliches Spielbrett mit transparentem Deckel zur Aufbewahrung, 12 farbenfrohe Puzzleteile, Buch mit 120 Aufgaben und Lösungen
Der IQ Puzzler ist bestens geeignet, um sich abzulenken. Es ist ein Konzentration und Intelligenzspiel als Legepuzzle mit 12 farbigen Puzzleteilen und einem dazugehörigen Buch mit 120 Aufgaben und Lösungen. Die Aufgaben haben unterschiedliche Schwierigkeitsgrade und eignen sich deshalb in vielen

Situationen. Wenn ich wenig Konzentration habe, verwende ich die leichten Modi. Dadurch das es ein haptisches und gleichzeitig sehr visueller Sinneseindruck ist, denn die Puzzleteile setzen sich aus Kugeln zusammen, die miteinander verbunden sind und ein Puzzleteil insgesamt eine leuchtende Farbe hat, werden zwei Zugangskanäle gleichzeitig genutzt. Wenn man ein Puzzle gelöst hat, freut man sich und Selbstvertrauen und Selbstbewusstsein steigen. Die Puzzleteile in farbenfrohen Farben, stimmen in der Tat fröhlich und wenn man die Teile gelegt hat, sieht man auch, was man gemacht hat. Alles in allem ein super Skill für:

Vorm Fernseher, beim reinen Musikhören und Hörbuch hören, beim Warten an einer Haltestelle oder beim Arzt, oder wenn ich mich irgendwo oder in irgendeiner Situation befinde, in der ich mich ablenken muss.

Magische Schlange

Die magische Schlange basiert auf einem ähnlichen Prinzip wie der Zauberwürfel, nur das diese vielseitiger nutzbar ist. Sie eignet sich dafür seiner Phantasie freien Lauf zu lassen und auch dafür, bestimmte vorgegebene, Rätsel zu lösen. Ich verwende sie häufig vorm Fernseher, wenn meine Unruhe wieder kommt und ich angespannt bin. Dann drehe ich aus den Plastikdreiecken mit Gelenk verschiedene Formen und bin jedes Mal darüber erstaunt, wie viele Möglichkeiten es dabei gibt. Das Schöne dabei ist, das meine Unruhe stark sinkt und ich mich dann besser auf das Fernsehen von einem Film konzentrieren kann. Denn ganz ohne einen „Anti-Unruhen-Skill" kann ich manchmal nicht dem folgen, was gerade im TV läuft.

Fidget Cube

Bei starker Nervosität verwende ich den „Fidget Cube". Es gibt ihn in verschiedenen Ausführungen. Ich habe einen Plastikwürfel, der 12 verschiedene Seiten hat, durch deren Betätigen man prima seine Unruhe in den Griff bekommen kann. Auf jeder der 12 Seiten hat man eine neue Funktion, so dass man auf jeden Fall keine Langeweile bekommen kann. Auf den Seiten befinden sich zum Beispiel verschiedene Schalter, Schiebeschalter, Knöpfe zum Klicken, kleine Joysticks zum Hin und Her Schnippen oder drücken. Kleine Rädchen zum Drehen, ein Gummiband zum Ziehen, ein Joystick mit Kugelführung, usw.

Es gibt auch noch eine kleinere Variante von diesem Würfel mit nur vier Seiten. Er ist auf Grund seiner Größe besser zum Mitnehmen geeignet, als der größere Würfel mit 12 Seiten und man kann ihn einfach in die Hosentasche stecken, wenn man will.

Kaugummis

Kaugummis gibt es in sehr vielen Sorten und es gibt immer wieder neue Experimente der Kaugummiindustrie. Ich verwende meine Kaugummis auch als Skill. Wenn ich nervös bin oder unruhig, weil ich Heißhunger verspüre oder extremen Appetit auf etwas Süßes habe. Dann nehme ich ein Kaugummi und kaue so lange darauf herum, bis der Geschmack weg ist (was mittlerweile immer schneller geht). Ich speziell nehme Geschmackssorten die mich an meine Kindheit erinnern, weil diese mich dann besonders beruhigen. Man kann durch das Kauen seinen ungeheuren inneren Druck etwas abbauen. Sie wirken für mich also ebenfalls spannungslösend. Oder ich bin durch den Geschmack allein schon einfach prima für ein paar Minuten abgelenkt. Auch in Kombination mit anderen Skills, wie z.B. Knete oder der Zauberschlange, sind sie wundervoll wirksam.

„Octocube Bollie Magiball" – Antistress 3 D Zappelball (Im Internet erhältlich)

Der Octocube ist die ganz leichte Variante des Zauberwürfels, bloß in Kugelform. Er ist momentan mein absoluter Liebling, da er sehr verschiedenartig nutzbar ist und deshalb je nach Unruhegrad gut ablenkt. Er ist eine Kugel mit zwölf Vertiefungen, in denen 11 farbige Bälle stecken, welche man, wie ein Schiebepuzzle, bloß in runder Form, mit dem Daumen hin und her schieben kann. Dabei gibt es ein wunderbar klickendes Geräusch, was alleine schon sehr beruhigt. Wenn man eine Kugel in ein Loch geschoben hat, rastet diese ein und kann aber auch weiter geschoben werden. Um jedes Loch ist ein farbiger Kreis und jede Kugel gehört zu einer bestimmten Farbe. Doch nicht nur das Blinde hin und her schieben der Kugeln beruhigt, sondern auch das Lösen des Puzzle-Balls. Man muss zwar nur ein zwei Mal um die Ecke denken, bis man den Ball gelöst hat, indem man jede farbige Kugel an seinen richtigen Platz geschoben hat, doch dafür ist auf jeden Fall ein Erfolg da und dieser rückt nicht so in weite Ferne wie beim Lösen des Zauberwürfels.

Der Ball liegt zudem sehr gut in der Hand und läßt sich als dritte Funktion, auch so ähnlich wie ein Igelball in einer Hand hin und her rollen. Alles in allem ein Skill mit vielen Funktionen der gleichzeitig den Tastsinn, Hörsinn und Sehsinn fordert.

Lippenstift, Labello, Parfüm, Creme und Nagellack
Bei mir löst das Verwenden von Pflegeprodukten eine positiv besetzte Stimmung aus. Es ist ganz egal, was man nimmt, Hauptsache man liebt den Geruch, die Konsistenz und den Zweck des Pflegeproduktes. Ich habe verschiedene Parfüms, die ich je nach Lust und Laune ab und zu mal verwende, um eine bessere Stimmung auszulösen. Eine Handcreme, die nach Vanille duftet, einen Lieblingslippenstift, Nagellack und den berühmten klassischen Labello, jedoch mit Perlmuttglanz. Alles Dinge, die mich an positiv besetzte Zeiten erinnern, oder deren Duft ich einfach liebe.
Pflegeprodukte sind natürlich als Skill nicht nur auf Frauen beschränkt, sondern auch auf Männer, die sicher damit dieselbe Wirkung erzielen können.

Knete aller Arten
Etwas zu kneten, wenn man angespannt ist, finde ich ungemein beruhigend. Auch wenn ich wütend bin, knete ich nach Herzenslust. Knete hat auch den Vorteil gleichzeitig etwas formen zu können, somit wird sie auch nie langweilig.
Ich habe am liebsten vier verschiedene Arten von Knete, die ich in unterschiedlichen Momenten einsetze:

(1) normale Kinderknete von Play doh. Diese nutze ich gerne zu Hause bei hoher Anspannung und Nervosität. Besonders mag ich bei dieser Knete deren Geruch. Sie riecht etwas nach Marzipan. Sie läßt sich sehr gut formen und ist preiswert.

(2) kinetischer Sand. Ich liebe seine gesamte Konsistenz, man hat das Gefühl, man könne wie ein Kind im Sand spielen und hält gleichzeitig Knete in der Hand. Wenn man sie sehr fest, gleichmäßig zusammendrückt, wird die Knete fast so hart wie Beton. Knetet man sie hingegen ausgiebig, kann man sie auseinanderziehen, ohne das sie sich gleich in alle Teile auflöst und hat dabei das Gefühl im Sand zu spielen, ganz so, als ob der Sand durch die eigenen Finger rinnen würde.

(3) Therapieknete. Sie gibt es im Internet in verschiedenen Stärken oder in der Apotheke zu kaufen. Sie ist eigentlich zur Kräftigung der Hände gedacht, kann aber auch wunderbar als Skill eingesetzt werden. Auch sie hat eine ganz besondere Konsistenz. Es fühlt sich an, als würde man zähe Plastik kneten. Man kann sie formen, wie man möchte und sie zum Schluss wieder in die Aufbewahrungsschachtel legen.

Am Ende geht sie ganz von alleine wieder in ihre Ursprungsform zurück. So ist sie immer wieder wie neu verwendbar. Anders als bei normaler Knete, hat man hier also die Möglichkeit immer das Gefühl zu haben, die Knete sei ganz frisch und neu.

(4) Formbarer Schleim. Dieser ist gerade unter Kindern sehr beliebt und ich verwende ihn, wenn ich aus dem Derealisieren rauskommen will oder langsam in einen Flashback rutsche. Je nach Firma und Art ist es wirklich ein wiederliches Gefühl diesen in den Händen zu halten. Mich ekelt dieser Schleim so sehr, dass ich innerhalb kurzer Zeit ganz klar werde. Also kann er auch bei hoher Anspannung dienen.

Bälle im Allgemeinen

Für den Druckabbau reichen manchmal auch ganz einfache verschiedene Bälle wie, ein Jonglierball, Igelbälle aller Arten, Schaumstoffbälle, Luftballons mit Reis oder Mehl gefüllt usw.

Die Vielfalt der Bälle, die genau in die Hand passe, ist riesig. Wie auch bei der Knete, wird man durch deren Handhabung beruhigter.

Hier ein kleiner Blick in meine „Ballsammlung":

Jonglierball, der ursprünglich ein Werbegeschenk war, **Igelbälle** in verschiedenen Größen und Härtegraden. Ich habe einen aus weicher Plastik, der hinterlässt beim Anwenden weniger Spuren auf der Handinnenfläche als ein chinesischer Igelball, der in meinem Besitz ist. Der **Chinaball** mit innenliegenden Magneten, hat ganz feste kleine Stacheln aus harter Plastik. Diesen verwende ich auch, wenn ich Selbstverletzungsdruck habe. Dann habe ich mir während meiner Therapie in der Klinik einen **Ball aus Luftballons und Reis** gebastelt, den ich auch gerne verwende. Gerade weil ich ihn selbst gebaut habe.

Gummischlange

Im Handel gibt es eine Gummischlange zum Ziehen, die aus einem besonderen Material ist. Sie lässt sich, auf bis einen Meter auseinanderziehen, obwohl sie nur aus weichem Gummi besteht und lässt sich nach Belieben verknoten. Man kann seine ganze Kraft beim Ziehen reinstecken, sie wird doch nicht kaputtgehen. Auch das Anfertigen von festen Knoten und das darauffolgende Auseinanderknoten, macht sehr viel spaß, wenn man wütend ist, unruhig oder unter hoher Anspannung ist.
Es gibt sie für ein, zwei Euro in fast jedem Spielwarenladen in den verschiedensten Farben. Für kleine Mädchen auch in Pink mit Glitzer.

Seifenblasen

Seifenblasen gehören auch zu meinen Lieblingsskills. Für ganz kleines Geld kann man sie kaufen und wenn sie alle ist, aus dem richtigen Mischungsverhältnis von Fit und Wasser wieder selbst herstellen. Eine Seifenblase oder viele Bläschen gleichzeitig zu machen, beruhigt mich ungemein. Man kann ihnen beim Fliegen und dahinschweben zusehen und sehen, wie sich das Licht in den Blasen spiegelt. Man kann mit den Blasen spielen, indem man versucht sie aufzunehmen oder zwei zu einer zusammenzuführen.

Mich erinnert eine Seifenblasenlandschaft immer an positive Dinge aus meiner Kindheit. Deshalb fühle ich mich dann plötzlich sehr wohl und geborgen, verspielt und etwas leicht. Eine wunderschöne Sache.

Der Fidget-Spinner

Der Spinner ist ein Anti-Zappel und Stressprodukt, das ursprünglich für Menschen mit ADHS entwickelt wurde. Vor einiger Zeit kam es plötzlich in Mode und es hatte fast jedes Kind einen Spinner. Die spannungslösende Wirkung im mittleren Anspannungslevel ist einleuchtend und gleich spürbar. Man muss keine Tricks mit dem Spinner können. Ich kann höchstens den

Spinner nach dem Andrehen auf meinem Daumen auslaufen lassen, ohne das er herunterläuft. Es reicht schon ihn einfach zu drehen. Dabei zu zuschauen oder ihn immer wieder neu anzustoßen. Es gibt ihn in zahlreichen Farben und Ausführungen. Ich speziell habe sogar einen mit Bluetooth-Lautsprechern, der farbig blinkt. Man kann meinen Spinner über Bluetooth mit Musik verbinden und beim Drehen gleichzeitig Musik hören zu können. Eine nette Spielerei.

Chiligummibärchen und „Center shock"
Chiligummibärchen sind eine scharf süße Nascherei, die man im Internet kaufen kann. Center Shock sind Kaugummis, die außen sehr süß sind und innen einen sauren Kern haben. Es gibt sie noch vereinzelt im Handel, aber auf jeden Fall auch im Internet zu kaufen.
Beides verwende ich gerne, wenn ich mich im höheren Anspannungsbereich befinde, oder um wieder hellwach zu werden.
Sie sind praktisch, da man sie in jede Hosentasche stecken kann und man sie somit immer dabei hat, wenn man möchte.

Tee

Im niedrigeren Spannungsbereich wirkt bei mir die Zubereitung und das Trinken eines Lieblingstees wahre Wunder. Ich tu mir dabei etwas Gutes und das wirkt wie Balsam für meine Seele. Gerade bei einer Skillskette, wenn man im unteren Spannungsbereich angekommen ist und auch bleiben möchte, muss man sich überlegen, was man sich Gutes tun kann. Ein Tee funktioniert hier für mich optimal und fördert mein Wohlbefinden.

Bonbons aller Art

Bonbons aller Art helfen mir, genauso wie Kaugummis, dabei mich abzulenken. Gerade süße Bonbons erinnern mich an meine Kindheit in guten Zeiten. Zudem ist der Körper beschäftigt. Dies baut für mich Nervosität und Druck ab.

Klassisches Schiebepuzzle, Mini Mandala Ausmalbuch, Zauberblock

Ich habe ein klassisches Schiebepuzzle jederzeit in meinem kleinen Skillsköfferchen für unterwegs. Auch ein kleines Ausmalbuch, für Erwachsene und kleine Buntstifte, sowie einen Zauberblock. Alles kann man jederzeit in Kleinformat im Handel kaufen. Ich benutze diese Dinge, wenn ich mich langweile, wenn ich irgendwo bin und mich ablenken möchte oder wenn ich mich nach einer Skillskette im unteren Bereich befinde und ich dort auch bleiben möchte. Das Ausmalen beruhigt ungemein meine Seele, da man sich dabei gezielt konzentrieren muss. Gleichzeitig erfreut man sich am Bild und am Ergebnis. Da es nur ein kleines Motiv ist, bin ich auch schneller mit einem kleinen Bild fertig.

Das klassische Schiebepuzzle lenkt mich genauso gut ab. Ich habe eines mit den Zahlen eins bis fünfzehn, welche ich durch gezieltes Schieben in die richtige Reihenfolge bringe. Man muss sich hier nicht nur konzentrieren, sondern gleichzeitig ist auch die Intelligenz gefragt, denn gerade die letzte untere Reihe, die mit der Zahl Fünfzehn, lässt sich nicht ohne weiteres durch wildes Probieren in die richtige Reihenfolge bringen. Wenn man jedoch einmal den Dreh heraus hat, schafft man ein Puzzle in weniger als fünf Minuten.

Der Zauberblock ist etwas für mein inneres Kind. Es gibt vorgeprägte leere Seiten, auf denen man mit einem Bleistift oder Buntstift schraffieren kann. Am Ende entsteht ein Bild, was man zuvor nicht sehen konnte. Es ist immer wieder spannend, zu sehen, welches Ergebnis man haben wird.

Kleines Kuscheltier

Ich habe in meinem Notfallkoffer ein kleines Kuscheltier, eine Kuh mit Magnetknöpfen. Wenn ich traurig bin oder etwas Weiches für die Hand brauche, nehme ich es und spiele damit. Das klingt wahrscheinlich merkwürdig, ist aber wieder eine Strategie dafür mein inneres Kind zu beruhigen.

Die „Hardcore Skills" (bei Anspannung 70-100)

Jetzt möchte ich euch meine „Hardcore-Skills" vorstellen. Ich nenne sie so, da ich sie nur im höchsten Spannungsbereich, also im Bereich zwischen 70 und 100, einsetze. Sie sind quasi der Beginn meiner Skillskette. Damit ich erstmal einen klaren Kopf bekomme und wieder weiter denken kann. Ich setze sie in den verschiedensten Situationen ganz individuell ein.

Zitronensäure plus Mundspray

Wenn man Zitronensäure und Mundspray zusammen verwendet, klingt dies nicht nur scheußlich, sondern es ist auch wirklich eklig. Deine ganzen Sinne werden kanalisiert und es konzentriert sich alles nur noch auf den furchterregenden Geschmack.
Zitronensäure, die man in jedem Supermarkt bei den Backzutaten kaufen kann, wird normalerweise meistens auch für das Backen verwendet. Man kann sie jedoch

auch ohne Gefahr selbst verwenden, indem man sich das Pulver auf die Zunge legt. Der saure Geschmack allein ist schon widerlich. Verwendet man jedoch noch danach oder vorher Mundspray, wird die Wirkung extrem intensiviert. Dies ist auf keinen Fall gefährlich, sondern einfach nur sauer. Ich verwende diese Mischung gerne, wenn ich merke, das ich komplett Dissoziieren werde, einen Flashback habe oder mich einfach extrem angespannt fühle. Für mich ist er sehr wirkungsvoll und auch Freunde von mir verwenden es gerne.

Amoniak-Lavendel-Ampullen
Der nächste Skill für einen Flashback oder extrem hohe Anspannung ist der Klassiker Amoniak-Lavendel Ampullen. Sie wurden früher (auch unter dem Namen „Riechsalz") verwendet. Ammoniak hat einen sehr beißenden strengen Geruch, Lavendel wurde dem sicher nur zugegeben, damit der beißende Effekt etwas abgeschwächt wird. Diese Ampullen kann man, meines Wissens, von nur einer Firma in der Apotheke kaufen. Sie sind sehr teuer, aber es lohnt sich sie zu besitzen, denn wenn in extremer Hochspannung nichts mehr hilft und auch die Mundspraymischung zu schwach ist, wird dies mit Sicherheit helfen.

Das Ammoniak befindet sich dabei in einer kleinen Glasphiole, die mit Stoff umwickelt ist. Man muss die Ampulle brechen und dann vorsichtig daran riechen.

Man riecht dann einen extrem beißenden Geruch, durch den sich alle Sinne fokussieren und man wieder relativ schnell das Bewusstsein erlangt. Man kann, wenn man es schafft, die Ampulle selbst zerbrechen und daran riechen. In der Klinik, in der ich mich befand, war es jedoch oft so weit, dass jemand entweder komplett dissoziiert ist oder einen so starken Flashback hatte, dass ihm die Kontrolle über sich fehlte. Dann kann jemand auch von außen helfen, in dem er die Ampulle aufbricht und es dem Leidenden unter die Nase hält. Eine Reaktion von demjenigen wird auf jeden Fall sofort erfolgen.

Leider kann man die Ampulle, wenn sie einmal aufgebrochen ist, nicht wieder schließen. Daher haben wir die schon geöffnete und einmal verwendete Flasche in ein kleines Plastebehältnis, das luftdicht verschließbar ist, verpackt. Dies hat den Vorteil, dass man es in seinen Notfallkoffer auch für unterwegs aufbewahren kann. Es bleibt ein ziemlich langandauernder „Restgeruch" durch die Ampulle, das heißt, man kann diese auch noch öfter verwenden, indem man einfach die Dose öffnet, indem man es aufbewahrt.

Teebaumöl

Eine für mich mildere Variante, für einen Hochspannungsskill für den Sinneskanal „Riechen" bildet das Teebaumöl. Ich mag diesen Geruch überhaupt nicht und wenn ich daran rieche, holt es mich sofort zurück. So kann ich auch dies unter hoher Anspannung, einem Flashback oder dem Dissoziieren verwenden. Ich habe die Erfahrung gemacht, das manche den Geruch von Teebaumöl lieben und dafür andere Öle als unangenehm finden. Man muss natürlich herausfinden, was man nicht mag. Die verschiedenen Öle sind meistens teuer, doch die Anschaffung lohnt sich, denn man kann es lange verwenden, da man meistens nur an der geöffneten Flasche riechen muss.

Chili

Ähnlich wie Chiligummibärchen, hilft es natürlich auch, wenn man auf einer puren trockenen oder frischen Chilischoten in sehr kleiner Menge kaut. Gerade den getrockneten Chili kann man gut für unterwegs dabei haben. Letztlich erzielt das Kauen auf Chili eine ähnliche Wirkung, wie das Mundspray mit

Zitronensäure. Beides sind extreme Geschmäcke, bloß das Chili sehr scharf ist, das andere jedoch sehr sauer.

Als ich in der Klinik meine Skills herausgefunden hatte, war dies am Anfang, in extremer Hochspannung, mein erster Skill. Man muss jedoch, wie bei allen anderen Skills im Hochspannungsbereich, darauf aufpassen, das dieser sich nicht so schnell abnutzt. Bei mir hatte sich das Chili schon nach 3 Monaten abgenutzt, da ich es zu häufig verwendet hatte. Außerdem habe ich die Erfahrung gemacht, dass der Geschmacksinn auf Dauer sich an etwas sehr Scharfes gewöhnt. Bei Mundspray mit Zitronensäure sieht das bei mir anders aus. Generell gilt jedoch für jeden Skill, dass man ihn nicht ständig und innerhalb kurzer Zeitspannen verwenden sollte, da sich einmal gefundene Skills generell abnutzen können. Daher ist es ratsam, möglichst viele verschiedene Skills für sich zu entdecken.

Stein im Schuh

Ein guter weiterer Skill ist es mit einem kleinen Stein im Schuh zu laufen. Gerade wenn man unter Hochspannung steht, einen Flashback hat oder dissoziiert, ist Bewegung sehr hilfreich und mit einem Stein im Schuh noch besser. Es ist sehr unangenehm mit einem Stein zu laufen, deine ganzen Sinne konzentrieren sich in dem Moment auf das piksende Etwas.

Schnippgummi und Finalgon

Das Schnippgummi und Finalgon sind ein ganz eigenes Thema, wenn man das Gefühl hat, das man sich nicht mehr spürt oder sich am liebsten verletzen möchte. Es ist hilfreich, ein normales Haushaltsgummi am Handgelenk mit zu führen. Wenn man dann unter enormen Druck steht, ist es weniger schädlich, mit dem Gummi zu schnipsen, als das man sich verletzt. Das Gummi zwiebelt sehr auf der Haut und das ist der große Vorteil von diesem Skill.

Wenn ein Schnippgummi nicht mehr ausreicht, kann man auch Finalgon verwenden. Mit diesem sollte man jedoch vorsichtig sein, da es die Haut stark reizt. Finalgon ist eine Salbe, die man nur in der Apotheke rezeptfrei bekommt. Sie ist ursprünglich dafür gedacht die Durchblutung anzuregen und bei Muskelschmerzen seine Dienste zu leisten. Man darf nur sehr wenig verwenden und auf die Haut geben, da sie wirklich schnell anfängt zu brennen und die Haut zu erröten. Das klingt im ersten Moment gefährlich, ist es aber nicht.

Der Tipp mit dem Finalgon wird in vielen Kliniken gegeben und ist ein wirklich guter Skill, in dem Moment wo man sich nicht spürt.

Kopf unter Wasser und kalt Duschen

Wenn man wieder bei Sinnen sein möchte, hilft es auch sehr, den Kopf unter Wasser zu tauchen. Dies sollte man jedoch nicht alleine tun. Am besten geht es, wenn man einen Eimer mit Wasser im Bad füllt und diesen dann etwas höher (zum Beispiel auf den Toilettendeckel stellt). Man sollte kälteres Wasser nehmen, jedoch nicht zu kalt. Das Prinzip ist dann einfach. Man legt sich ein Handtuch um die Schulter und taucht dann seinen gesamten Kopf für ein paar Sekunden in das Wasser im Eimer. Klingt seltsam, ist es auch irgendwie, aber es hilft sehr wieder seine Sinne zu fokussieren und einen klaren Verstand zu erhalten. Die Methode hilft bei starker hoher Anspannung, bei Flashbacks und beim Dissoziieren.

Dasselbe Prinzip kann man auch anders verwenden, indem man sich kurz kalt abduscht. Man kann sich natürlich auch im Wechsel von warm und kalt abduschen.

Auf jeden Fall ist diese Variante auch immer von Erfolg gekrönt.

Weitere Veröffentlichungen bei Amazon von

Doreen Schmidt

„Das Tagebuch gegen
Depressionen"
Ein Tagebuch für depressive Menschen, die ihre
Symptome verbessern möchten.

„Stimmungstagebuch für
Borderliner"
Das Tagebuch für Borderliner, die ihre Emotionen,
Gedanken und Anspannungen im Blick behalten
wollen.

„Das Tagebuch für meine Seele. Selbsthilfe gegen
Stress, Depressionen und
Burnout."
Das Tagebuch mit Terminplanung und ausführlicher
Reflektion von Gedanken, Emotionen und
Erlebnissen.

„Mein
Traumtagebuch"
Zum Aufschreiben Deiner Träume, mit jeder Menge
Platz. Bestimmte Fragen werden dir dabei helfen,
dich an deinen Traum zu erinnern.

„Mein Tagesplan. Eine spezielle Hilfe gegen
Antriebsprobleme„

Möglichkeit Deinen Tag genau zu strukturieren, sich
Ziele zu setzen, die man erreichen kann. Den Antrieb
durch Planung zu steigern.

„Mein
Therapietagebuch"
Das Buch gibt dir die Möglichkeiten, alle Daten
Erkenntnisse und Informationen deiner Therapie zu
dokumentieren.

„Arbeitsbuch
PTBS"
Dieses Arbeitsbuch gibt dir die Möglichkeit mögliche
Trigger und Frühwarnzeichen zu erkennen und dazu
die eigenen passenden Skills zu entwickeln

"Entdecke dein inneres Kind"

Ein kleines Arbeitsheft zur Pflege deines inneren
Kindes.

„Mein Skills-Buch. Eine Erweiterung zum
Stimmungstagebuch für Borderliner"

In diesem Arbeitsheft, ist es möglich, anhand der
Analyse von Situationen, seine Skills herauszufinden.

Folgt mir auf Facebook

https://www.facebook.com/Psychisch-krank-Hilf-dir-se
lbst-100734531578117/

Oder schreibt mir unter

doreenschmidt439@gmail.com

Doreen Schmidt